COLLECTION

DE

Madame Simone D'ARNAUD-LABATUT

TABLEAUX ANCIENS

ET

MODERNES

Œuvres de M. J.-J. LABATUT

MARBRES

Bronzes, Terre émaillée, Plâtres

Me Robert BIGNON	M. Arthur BLOCHE
COMMISSAIRE-PRISEUR	EXPERT PRÈS LA COUR D'APPEL

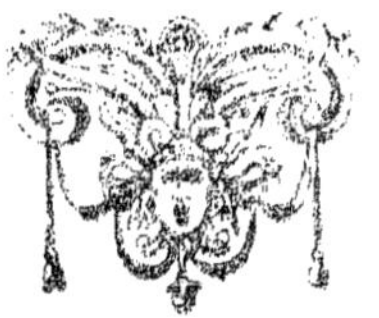

C. CHAUFOUR, Imp.
6-8, rue Milton, Paris

CATALOGUE

DE LA

Collection de Madame Simone D'ARNAUD-LABATUT

TABLEAUX ANCIENS

DES DIFFÉRENTES ÉCOLES

TABLEAUX MODERNES

Meubles anciens et de style

OEuvres de M. J.-J. Labatut

Grand Prix de Rome

Chevalier de la Légion d'Honneur

MARBRES

Bronzes, Terre émaillée, Plâtres

DONT LA VENTE AURA LIEU

En leur Hôtel, 101, Avenue Victor-Hugo

Le Jeudi 22 Juin 1911

A 2 HEURES 1/2

Me Robert BIGNON	M. Arthur BLOCHE
COMMISSAIRE-PRISEUR	EXPERT PRÈS LA COUR D'APPEL
41, Rue de la Victoire, 41	21, Boulevard Haussmann

CHEZ LESQUELS SE TROUVE LE PRÉSENT CATALOGUE

EXPOSITIONS

PARTICULIÈRE	PUBLIQUE
Le Mardi 20 Juin 1911	Le Mercredi 21 Juin 1911

DE 1 HEURE 1/2 A 5 HEURES 1/2

CONDITIONS DE LA VENTE

La vente aura lieu au comptant.

Les acquéreurs paieront dix pour cent en sus des enchères.

L'exposition mettant le public à même de se rendre compte de l'état et de la nature des objets, il ne sera admis aucune réclamation une fois l'adjudication prononcée.

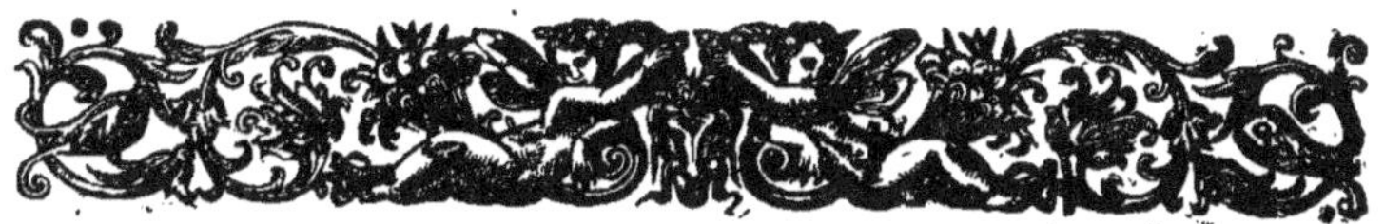

DÉSIGNATION

TABLEAUX

BOILLY (Attribué à)

1 — *Le Retour au foyer.*

    Toute la famille est en joie. Dans une pièce de rez-de-chaussée au fond de laquelle sur la rampe d'un escalier de bois s'appuient différents personnages, servantes et domestiques, arrive dans son brillant uniforme d'officier des Guides, le chef du foyer retour de la guerre. Sa jeune femme tout de blanc habillée, l'embrasse avec effusion ; son vieux père près d'elle joint ses mains de joie ; sa petite fille, jolie blondinette aux longs cheveux, lui embrasse les mains ; son petit garçon s'accroche à son dolman. A sa suite pénètre toute souriante la jolie servante, les gars du pays jouant de la flûte et se hissant sur les épaules les uns des autres pour jouir du spectacle familial qu'offre ce tableau.

BOUCHER (Attribué à)

2 — *Moise sauvé des eaux.*

    Esquisse présumée de la première manière du Maître. Signé.

BOUCHER (École de)

3 — *Flore et enfant.*

4 — *Le Sommeil de Diane.*

    Deux pendants.

CHARPENTIER (Attribué à)

5 — *Le Retour du marché.*

> Assis au pied d'un arbre, surveillant son troupeau répandu dans la prairie, le berger cause en souriant à la jeune fermière qui revient du marché avec un mouton et son panier sur ses bras. Elle est accompagnée du fermier qui porte sur son épaule un sac suspendu à son bâton de route.

COROT (Attribué à)

6 — *Paysage avec figures.*

DECAMPS (Attribué à)

7 — *Effet de soleil couchant.*

DORÉ (GUSTAVE)

8 — *La Légende de l'or du Rhin.*

> Œuvre d'une vigueur remarquable.

FRAGONARD

9 — *La Mort de Lucrèce.*

> Esquisse présumée du tableau de concours du Maître.

FRAGONARD (Attribué à)

10 — *La Famille heureuse.*

> Répétition du tableau de Bruxelles.

FRAGONARD (Genre de)

11 — *Jeune Fermière et enfant.*

GÉRICAULT (Genre de)

12 — *Naufrage.*

VAN GOYEN

13 — *Marine.*

> Des bâtiments et voiliers gagnent la pleine mer. Une barque
> montée de trois pêcheurs aborde le rivage.
> Temps gris; ciel nuageux.

GREUZE

14 — *Portrait d'un musicien.*

> Représenté assis devant une table surchargée de cahiers de
> musique, tenant un feuillet à la main et regardant presque de
> face.
> Œuvre d'une touche ferme et spirituelle, qui nous autorise à
> l'attribuer à la meilleure période du Maître.

GRIMOUX

15 — *La Liseuse.*

> Une jeune femme en élégants atours; robe rouge à corsage
> décolleté, le cou paré de perles, assise devant une table avec
> vase de fleurs, lit un message, aimable sans doute, car son
> visage s'éclaire d'un sourire.
> Joli effet d'ombre et de lumière familier à Grimoux.

HÉDA

16 — *Lévriers et Nature morte.*

HOGARTH (?)

17-18 — *L'Hypnotisée et la Diseuse de bonne aventure.*

> Compositions de plusieurs personnages.
> Deux pendants.

LAGRENÉE

19 — *L'Amour et Psyché.*

> Gracieuse composition dans un parc fleuri.

LE MOINE (François)

20 — *Le Retour de l'Enfant Prodigue.*

Sa mère tenant un enfant dans ses bras paraît toute heureuse de l'accueil que lui fait son vieux père en lui indiquant le seuil de la maison. Les trois autres personnages qui complètent cette intéressante composition, le regardent avec sympathie.

Tableau très agréable dans son ensemble.

LENAIN

21 — *La Visite à la ferme.*

Un paysan arrive avec son âne, accompagné d'une jeune femme; la vieille fermière assise, son fuseau sous le bras; une fillette près d'elle porte toute son attention sur un livre; trois gamins s'amusent devant elle.

Intéressante composition.

LÉPICIÉ

22 — *Portrait de jeune garçon.*

Habillé d'une veste rose, la chemise échancrée bordée d'un jabot, coiffé à la poudre.

Tout le caractère de cette jolie peinture nous autorise à l'attribuer à Lépicié.

Cadre en bois doré avec écusson au fronton.

LEPRINCE (École de)

23 — *Les Petits Chinois.*

VAN OSTADE (Adrian)

24 — *La Joie au cabaret.*

Dans un intérieur de taverne sont assis, causant, fumant, buvant, onze personnages; un chien jappe après un fumeur: un buveur et un joueur de vielle regardent un bambin qui joue du violon.

Joli tableau intéressant par le groupement et le caractère des personnages.

Signé.

PATER (École de)

25 — *Réunion familiale sous bois.*

Personnages en costumes de l'époque.

PRUD'HON

26 — *Le Génie des Arts.*

Belle esquisse pour le plafond destiné à l'ambassade d'Allemagne.

RAFFET (Genre de)

27 — *Réunion de généraux.*

Avant la bataille.

RAOUX

28 — *Portrait de jeune garçon.*

La tête tournée vers la gauche, en veste marron avec col blanc rabattu.
Toile ovale.
Cadre ancien en bois sculpté.

ROYBET

29 — *Nature morte.*

RUBENS (Attribué à)

30 — *Suzanne au bain.*

La chaste baigneuse assise devant une cariatide de pierre se retourne et parait toute troublée à la vue des vieillards qui contemplent sa nudité. Un petit chien jappe après eux.
Tableau d'une belle facture.

TARAVAL

31 — *Vénus au repos.*

Elle caresse son chien.

TÉNIERS Le Jeune (DAVID)

32 — *La Tentation de saint Antoine.*

Dans sa grotte, agenouillé et les mains jointes devant le
Christ, une tête de mort et les Saintes Ecritures, il tourne la
tête vers une jeune femme qui lui présente une coupe tenta-
trice; près d'elle, une vieille l'incite à boire; à droite, un jeune
paysan joue de la flûte et rit des distractions du bon Saint
entouré de démons et d'animaux fantastiques. A gauche, se
découvre un riant paysage.

Œuvre d'une grande finesse de touche.

Signée à droite *D. Téniers.*

Cadre en bois sculpté et doré.

TIÉPOLO (Ecole de)

33 — *Scène de sacrifice.*

Composition de plusieurs figures.

Belle tonalité.

TITIEN (Ecole du)

34 — *Vénus retenant le bouclier de Mars.*

L'Amour en l'enlaçant semble la supplier de rendre au dieu
son arme de défense.

Composition de quatre personnages d'un superbe coloris.

ECOLE ANCIENNE

35 — *Le Sommeil de l'Enfant-Jésus.*

ECOLE FLAMANDE

36 — *Les Surprises de la halte.*

Dans un paysage montagneux où paissent des bœufs, vaches
et béliers, des seigneurs et gentes dames poursuivant une
chasse au faucon se sont arrêtés devant une maison rustique et
prennent des rafraîchissements que leur sert une paysanne.
A gauche, un gentilhomme mollement étendu à côté d'une
paysanne, l'embrasse et la tient enlacée dans ses bras. A droite
un piqueur effaré va fondre sur eux; une grande dame en
riches atours et une petite fille l'arrêtent dans son élan.

ECOLE FLAMANDE

37 — *Paysage montagneux.*

Belle qualité.

ECOLE FLAMANDE

38 — *Saint en prière.*

Dans un paysage montagneux.
Ciel nuageux.

ECOLE FLAMANDE

39 — *La Partie de cartes.*

ECOLE FRANÇAISE

40 — *Réunion d'une famille princière.*

ECOLE FRANÇAISE

41 — *Portrait de Dame de la Cour.*

En robe d'apparat, garnie de roses avec manteau bleu drapé.

ECOLE FRANÇAISE

42-43 — *Scènes rustiques et familiales.*

Deux pendants.

ECOLE FRANÇAISE

44 — *Portrait de femme coiffée d'un bonnet.*

ECOLE FRANÇAISE

45 — *Portrait de jeune femme.*

Représentée nattant ses cheveux.

ECOLE FRANÇAISE XVIIIᵉ SIECLE

46 — *Portrait de jeune femme.*

Coiffée et enveloppée d'un camail noir.

ECOLE ITALIENNE

47 — *Joseph expliquant les songes.*

Le grand panetier et le grand échanson dans leur prison
l'écoutent.

ECOLE ITALIENNE

48 — *Les Trois Grâces.*

Devant l'aréopage en contemplation de leurs charmes.
Composition de huit figures.

ECOLE MODERNE

49 — *Intérieur rustique.*

Signé du monogramme D. C.

ECOLE MODERNE

50 — *La Chasse au marais.*

ECOLE MODERNE

51 — *Troupeau de moutons.*

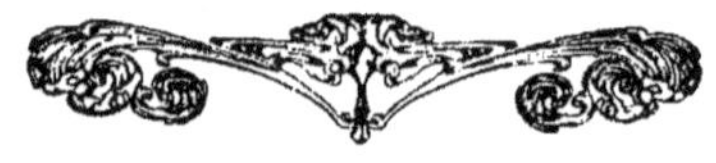

MEUBLES, OBJETS DIVERS

52 — BEAU PARAVENT à quatre feuilles offrant des peintures allégoriques aux Arts, gracieuses compositions représentant les Génies de la Musique et du Chant au milieu des Amours sous d'élégants encadrements à couronnes de fleurs suspendues à des nœuds de ruban. Monture en bois sculpté et doré. Style Louis XVI.

53 — GLACE avec encadrement peint en blanc, à fronton et guirlandes de fleurs, formant trumeau avec peinture de l'École Française représentant La Sieste aux champs.

54 — GLACE avec encadrement peint en blanc, à fronton et guirlandes de fleurs, formant trumeau avec peinture de l'École Française représentant Le Baiser.

55 — GLACE avec encadrement peint en blanc à fronton et guirlandes de fleurs, formant trumeau avec peinture de l'Ecole Française représentant Vénus, l'Amour et les Nymphes.

56 — BEAU COFFRE en bois sculpté offrant sur le devant un médaillon à personnages dans un cartouche à ornements, quatre pilastres de chaque côté, des cartouches à écussons et des pilastres décorant les profils, XVIe siècle.

57 — COFFRE en fer bardé de fer, la façade ornée du double aigle d'Autriche, dit coffre de trésor de guerre, XVIe siècle.

58 — Deux fauteuils forme X en noyer incrusté d'ivoire. Travail dit Certosine.

59 — Banquette en bois sculpté avec accotoirs à têtes de chimères; le fond à cariatides et arabesques. Style Renaissance.

60 — Banquette en bois sculpté offrant sur le dossier un mascaron et des enroulements feuillagés; sur le devant des accotoirs: des cariatides de personnages; dans le bas un écusson accosté de silhouettes de dragons. Style Renaissance.

61 — Chaise à haut dossier en noyer, couverte en soierie bleue ancienne et brochée.

62 — Tabouret carré en noyer, couvert en même étoffe.

63 — Stalle formant coffre en bois sculpté. Style Gothique.

64 — Bel éventail en nacre, sculptée à jour et rehaussée d'or avec médaillon à scène champêtre; feuille en velin représentant un couronnement; composition de nombreux personnages attribuée à Coypel. Époque Louis XV. Dans un cadre de forme.

ŒUVRES DE J.-J. LABATUT

MARBRES

65 — *La Baigneuse.*
>   Statue grandeur nature.
>   Marbre. Signé.

66 — *Phœbé.*
>   Statuette marbre. Signé.

67 — *La Femme du XVIIIe siècle.*
>   Grand buste marbre. Signé.

68 — *Diane.*
>   Marbre. Signé.

69 — *La Petite musique.*
>   Marbre. Signé.

70 — *Amour blessé.*
>   Marbre. Signé.

71 — *L'Amour et Psyché.*
>   Groupe marbre. Signé.

72 — *La Naissance de Venus.*
>   Groupe marbre. Signé.

BRONZES

73 — *La Femme au paon.*
> Bronze. Signé. GOLDSCHEIDER, éditeur.

74 — *Amour.*
> Bronze. Signé. GOLDSCHEIDER, éditeur.

75 — *Nymphe chasseresse.*
> Bronze. Signé. GOLDSCHEIDER, éditeur.

76 — *Faune dansant.*
> Bronze. Signé. THIÉBAUT, éditeur.

77 — *L'Amour blessé.*
> Bronze. Signé. CONTENOT et LELIÈVRE, éditeurs.

78 — *Le dévouement.*
> Groupe bronze. Signé. CONTENOT et LELIÈVRE, éditeurs.

79 — *La Musique.*
> Bronze. Signé. CONTENOT et LELIÈVRE, éditeurs.

80 — *La Peinture.*
> Bronze. Signé. CONTENOT et LELIÈVRE, éditeurs.

81 — *Après la danse.*
> Bronze. Signé. CONTENOT et LELIÈVRE, éditeurs.

82 — *La Déesse de la Nuit.*
> Bronze. Signé. CONTENOT et LELIÈVRE, éditeurs.

83 — *Annibal.*
> Bronze. Signé. CONTENOT et LELIÈVRE, éditeurs.

84 — *Le Semeur.*
> Bronze. Signé. CONTENOT et LELIÈVRE, éditeurs.

85 — *L'Espiègle.*
> Bronze doré sur marbre. Signé. JABŒUF, éditeur.

PLATRES, TERRE ÉMAILLÉE

86 — *Moise jeune maudissant l'Egypte.*

> Groupe grandeur nature.
> Plâtre.
> Le bronze es. à Toulouse.

87 — *Chrysis.*

> Statue. Plâtre.

88 — *Le Caton d'Utique.*

> Statuette. Plâtre.

89 — *L'Amour étouffant Jupiter sous la forme du Cygne.*

> Groupe. Plâtre.

90 — *Flore semant des fleurs à travers le monde.*

> Groupe. Terre cuite. Esquisse.

91 — *La Vierge Juive.*

> Buste en terre émaillée

92 — Œuvres non cataloguées.

CARTE D'INVITATION

pour visiter

Le Mardi 20 Juin 1911, de 1 h. 1 2 à 5 h. 1 2

LA COLLECTION DE

Mme Simone D'ARNAUD-LABATUT

TABLEAUX ANCIENS ET MODERNES

MEUBLÉS ANCIENS

et les

ŒUVRES DE SCULPTURE

DE M. J.-J. LABATUT

En leur hôtel : 101, Avenue Victor-Hugo

Vente le Jeudi 22 Juin 1911, à 2 heures 1 2

Me ROBERT BIGNON	M. ARTHUR BLOCHE
COMMISSAIRE-PRISEUR	EXPERT PRÈS LA COUR D'APPEL
41, Rue de la Victoire, 41	21, Boulevard Haussmann, 21

chez lesquels se trouve le catalogue